JN409081

# 자연의 정원

김정애 사진시집

다솜출판사

# 김정애 사진 시집

kim8166836@hanmail.net

# 사진 시집을 내면서

사시사철 변해가는 풍경들을 만나며
벅찬 감동과 삶의 보람을 느끼며
자연의 경이로움을 렌즈에 담으려
지나가는 시간을 붙들고
그리움을 키워온 날들이
나에게 주는 선물인 것만 같다.
사진과 시 시와 사진
어찌 보면 잘 어울린 것 같지 않아 보이지만
나름대로 최선을 다 한 결과라 생각하니
뿌듯한 감정을 주체하기 어렵다.
앞으로도 더 좋은 사진
더 좋은 시를 써서
많은 사람들의 가슴에 남아
인구에 화자 하는 작가로
남고 싶다.

김정애 시인

# 차 례

# 여명

어둠을 뚫고 밝아 오는 새벽
붉게 소리 없이
천천히 뚜렷한 형체로
상서로운 빛이 천지사방을 물들인다

아침의 빗장을 열고
온 누리에  따뜻함을 전한다

내 가슴에도 붉은 해가 뜬다

# 동심

산 넘어 바닷가에서
바지락 캐고 가재 잡던 어린 날
땅 찔레 여린 순 꺾어 먹고
꽃반지 만들고
개울 깊이 들어 가
죽을 뻔 했던 기억이 생생하다

지금은 그때 그 기억이
웃음꽃 피는
아름답고 멋진 옛날 그림이다

# 해운대

–해수욕장 풍경

태양이 불타는 해변에 줄지어 선
오색 파라솔 진열대
높은 파도가 밀려와도
어른 아이 할 것 없이
물놀이를 하며 동심에 젖는다

바위 옆은 노인네들 안식처
모래밭에는 찜질 삼매경에 빠진 아낙들

어디서 왔어요
서울 대구 충청도유

세계적인 피서지를 옆에 두고
멀리 떠나고 싶어 하는 부산 사람들
수평선을 바라보며
좋은 추억을 만들어가는
해운대의 오늘 하루가 좋다

## 비 오는 날

보슬비 내리는 날
그리움 찾아 나선다

몸과 마음 비에 젖어
내 마음에도 주륵주륵

빗소리
그리움 안고
촉촉이 적시는 빗방울

## 해인사 운韻

해인사 대웅전 추녀 끝을 지키는 풍경 소리
그 맑은 소리가
해인사 홍류동 계곡을 따라
물소리 함께 지나갔음직한 물목마다
부처의 말씀이
파란 싹을 틔우는 봄날
풍경 소리를 따라 가 본 적이 있습니다

희미한 불빛 아래서
부처의 말씀을 새기시는
어머니의 가슴에서 불을 지피는 불성
죽어 천년 살아 천년을 산다는
고사목의 너른 품 아래
이제 막 고개를 내미는 잔솔의
초롱한 눈망울들이
마애불의 오지랖에 쌓여
새로운 천년의 걸음을 놓는다

여울목을 돌아내리는 물소리 따라
귀를 맑히는 산새들의 독경 소리에
온 산이 술렁일 쯤
저마다 마음을 맑히는
건강한 웃음 끊이지 않는 가야산
팔만 대장경판 부처의 말씀의 꼬리를 잡고
가야산을 오르는 사람들의 눈빛에 잠긴
초록이 곱다

# 청산도 가는 길

선착장의 기다림은 설렘이다
물결에 몰려오는 윤슬
찬란한 바다의 향연 이다

머리위에 무심히 떠가는 구름
갈매기 바다를 날고
노란 자태의 유채꽃 밭
들판 속 빨간 요정이집
단풍길 터널 이룬 울창한 숲길
바다 속 하트모양에 비친 붉은 노을

환상 속
자연그대로 잉태한 비경
청산도 가는 길은 설렘이다

# 서울풍경

왁자지껄 쏟아져 나오는 인파들
짐 보따리를 지고 메고
다들 어디로 가는지
비둘기도 한목 하고 설친다

코로나 때문에 의자도 없애고
계단에 서고 바닥에 앉고

기다림 끝에 지친 사람들
현광 판에 빨간불 뜨는 순간
우리 영감 천진 낭만 한 표정
절로웃음이 나온다

그래서 사랑한다는 것은 소중한가보다

# 녹차

싱싱한 잎이 돋아나는
고산지대 넓은 차밭
태양이 부끄러워 숨어 핀
이슬이 싱그럽다

여린 순 한 잎 한 잎
불로 찌지고 비비고
쉼터에서 쉬는 동안 중불로
탄생한
은은히 입안을 맴도는 향기

여름날 귀를 맑히는
뒷산 뻐꾸기 울음을 닮았다

# 고향집

함박꽃 채송화 장미꽃 핀
담장 위
담장이 넝쿨의 몸짓이 아름답고

보리가 익어 가면
꽃이 핀다던
소꿉장난 어린 시절
예쁜 소녀 꽃

바람이 흩어버린 옛 기억
지금은 높은 빌딩만 꽉 찬 마을
그리움만 남았다

# 안개 낀 유채 밭

늦은 아침까지 사라지지 않은 안개
사라지고 나면 서운한
가도 가도 끝이 없는 꽃의 향연
들판 가득
유채꽃 향기로 채우며
나그네 마음을 따스하게 한다

조용한 평화로운 꽃의 축제
자연의 품격과 사운드의 세계로 초대한다

# 산수유

사르르 감겨오는
봄 햇살을 맞으며
산수유 살포시 포옹하는
돌담길

길 양옆 반기는
봄날의 산수유

이슬 맺혀 흐려진 눈망울로
메아리치면서
노란 웃음꽃을 선사한다

# 동강 할미꽃

수천 년을 굽이쳐 흐르는 동강
벼랑을 돌고 돌아
자태를 뽐내는 할미꽃
묵은 잎에서 고개 숙여
애기 볼처럼 뽀송뽀송한
솜털에 쌓여 핀 할미꽃
너는 어찌하여 이곳에 피웠느냐

바위틈에 뿌리 내린 너의 모습
지나 온 그 숱한 세월도
허리 굽은 너의 애련함을 막지 못했구나

오래도록 바라보며 눈을 맞춘다

# 소나무

추사의 세한도 속 소나무
오늘은 너를 품고 싶다

설한풍 온몸을 휘감아도
오랜 기다림을 삭히는 푸른 절개
바람이 불면 어때
눈비가 오면 어때

긴긴 밤을 삭히는 기다림 앞에
당신과 함께 했던 순간이
고귀하고 소중하기에
언제나 늘 푸른 솔 향에 젖고 싶다

## 구름

뭉쳤다 흩어지는
하늘은 코발트 색

우리네 삶의 모습
지는 해 아쉬워도

흥겹게
솜사탕 같은
웃음꽃을 피운다

# 동반자

꿈 이른 지게질로
동반자는 황혼이고

그 어미 찾아가는
즐거움에 해가 뜬다

봄날도
꿈같은 봄날
꽃피우는 일흔이다

# 그리움

할머니하고 살고 있어
자리 잡으면 데리러올게
동생들만 데리고 훌쩍 떠나버린 빈자리
매일 여객선 들어오는 시간만 되면
비석 옆 바위에 앉아서 기다려도
어머니는 오시지 않고 내 눈에 비친
늘 함께 하는
그 노을은 그리움 이었다

밝게 비추는 등대 불은 그리운 엄마였다

# 제주도 꿈을 찾아

수국이 만발 했다는 소식에
제주도를 꿈꾸며
김해공항에 도착 했다
줄줄이 결항이라는
안내판이 뜬다

기대감이 컷는데

난감한 현실 어디로 갈까
임 찾아 시골집으로
때가되면 다시 도전 한다

# 추억

여고시절 방과 후 참새가
방앗간을 못 지나치듯
가게에 들려 오징어를 사서 먹으며
기차길옆 친구 집
해바라기 코스모스 예쁘게 핀 꽃들
철길위에 올려놓고
기차 지나가기만 기다리던 기억

벽돌집 우물터에 앉아
이야기 꽃 피우던 친구들의
기쁨과 밝은 미소가
사랑의 길잡이 되었다

그때 그 추억이 아직 남아 서성 인다

# 연

순정은 꽃잎으로
불타는 정열의 연꽃

참았던 그리움은
마음속 설렘으로

수련의
아름다운 미소
시리도록 예쁘다

# 흰 데이지 꽃

새하얀 수정 닮은 맑은 계곡
달빛이 쏟아지는 밤
세상을 덮는 안개가 새벽을 깨우면
흰 데이지 꽃이
쭉쭉 펼쳐진 벌판엔
꽃향기가 진동을 한다

오늘도 사랑의 향내 자욱한
꿈속으로 사랑여행을 떠난다

# 누리마루

용틀임 치며 올라가는 동백섬 한쪽
세계 정상들의 꿈을 나누는
구름에 쌓인 누리마루

푸른 바다의 파도가 해벽을 치면
빨갛게 타오르는 애기 볼이
어둠이 꿈틀대는 바다를 덜컥 집어 삼켜도
서로 의지하며 살아가는 세상이라며
누리마루에 석양이 내린다

그래서 세상은 아직 살만한 곳 이란다

# 튤립 축제

코끝을 간질이는 튤립 향기
오색물감 덧칠해서 그려내는 봄날

새들은 노래하고
나비도 춤을 추는
동화 속 이야기에 부푼 가슴

마음은 사랑의 꽃씨
아름다운 정원으로 가꾸어
동심 속으로 들어간다

# 우중 속 여행

병풍처럼 펼쳐진 한 폭
수묵화의 길
빗방울에 튕겨
자동차 바퀴가 맴돌고
소리 없이 머리 결처럼 살랑 거리는
하늘 맞닿은 산봉우리 운해
풀 섶에 맺힌 빗방울 함께
영롱한 빛을 더 한다

마음을 열고 들여다보는 빗속의 세상
천상의 모습이다

# 세한도 소견

세한도 솔가지에 맺힌 바람 소리가
밤새도록 대숲을 흔들어대고
한여름 찜통더위가 등을 타고 내려도
유배지의 여름은 겨울 같았을까

추사의 세한도에 그려진 초막 주인이
이렇게 묻고 답했을 게다

올겨울은 왜 춥지 않지

아 이 사람아 올 겨울엔
추위가 모두 얼어 죽었다네 라고

## 광안대교 해무

가슴 밑바닥까지
뭉치고 헤치고를 반복하며
자유롭게 넘나들며
대교를 감아 도는 너울성 해무
길고 긴 희로애락을 안고
소리도 없이
낮은 곳에서 높은 곳으로
바다를 향한 그리움에
바다를 안고 도는
생명의 젖줄 해무를 바라보며
안개 속에 갇힌
내 한생을 되돌아본다

# 동생 태어난 날

군불 넣어라
동갑내기 이모와 아궁이에 고구마 넣고
웃고 장난치는 중
방에서 배 아프다 신음하시던 엄마
간호사 오빠 오신 뒤 들려오던
아이의 울음 울음소리
아들이라고 좋아했던 울 엄마

아직도 아들 딸차별 받으며 자라던
그 시절의 기억이 생생하다
가족 모두에게 행복을 안겨 주며
십 육 년 동안 병간호한 내 동생
정말 고맙다

# 성형 중독

국적을 알 수 없는
살 빠진 쌍꺼풀 눈
미끄러진 오뚝 코를 가진
미인들이 득실득실한
성형외과
옷감을 재단하듯
좌로 우로 대칭을 맞추는 보수공사
재단사의 손길이 바쁜
성형외과 풍경이다

흙담 아래 주저앉아
공기놀이에 취해
해가는 줄 모르던 아이들 같은
사진 속 옛날 모습
그 모습 흔적도 없다

풀 섶에 맺힌 아침 이슬 같은
그 모습 지우는 성형 중독자

그래서 민주주의가 좋단다

# 세월

피었다 지는 할미꽃
흰머리를 보면 가슴이 아프다

부견 쓰고 모자로 감추고
흘러도 보이지 않는
가슴속 눈물
숱한 시간에 말라버린 숲 사이로
흘러가는 구름 같은 세월
소쩍새 울음이
메아리로 돌아와 가슴을 두드린다

아름답게 지는 뒷모습은
보람의 열매를 맺게 하는
삶의 훈장이다

# 배롱나무

강열한 태양아래 쏟아지는 햇살
백일이상  핀다는 목 백일홍
무슨 한이 그리 많아 저렇게도 붉은지
이마에 송송 맺힌 이슬 같은 땀방울
새 생명 수태케 하고
자유로움으로 태어 난다

성숙한 젊은 계절에 기대어
강인함을 배운다

## 양귀비 꽃

꽃은 언제나 화려하게
인간의 감정을 도발한다

양귀비꽃과 안개꽃이 어우러져
사람들의 눈길을 유혹한다
계절의 변화를 알려주는 꽃

매미날개를 닮은
양귀비꽃이 피어나면서 봄날은 갔다

# 이수도 섬에서

오래된 돌담길이 있는
고운 꽃이 어루러진 고요한 섬

작은 포구를 감싸 안은 작은 어선들
빨간 등대 흰 등대가 문지기 하는 곳
낭만이 옹기종기 모여 앉았다

여전히 구름으로 뒤덮인 채
마을을 감싼 하늘에는
짠 냄새와 비린내가 베여 있어도
항구은 아름답기만 하다

파도와 하늘이 함께 일렁이는 물가
내가 신화 속 존재가 된 것처럼
신비로워진다

바다 위로 조금씩 빗방울이 떨어진다

부슬부슬 내리는 비와 어우러진
어촌
서정의 장을 선사한다

# 간월암에서

간조엔 육지와 연결되고
만조 땐 물 위에 떠 있는
신비로운 간월암

배를 타지 않으면 갈 수 없는
보물섬
무지개다리 엮어 연결한 인연이 아름답다

숨어버린 갯벌
멈춰버린 바다
모든 것을 물속 깊이 침전시키려는 자연은
우리와 함께
늘 장구한 역사를 쓴다

세월에 걸어둔 그리움을
간월암에 새기며
서산의 행복한 여행은
셀렘이 짙다

# 해수욕장 풍경

모래와 바다 만나는 곳
그 어느 한쪽 아니면 중간중간
올망졸망 쌓여 있는 모래밭

바닷물 밀려와 부서지며
먼 바다 이야기 들려주면서
끝없는 세월
주인을 기다리는 파라솔 방수 조끼들

갈매기도 쉬어가고 바람도 쉬어가는 곳
코로나 때문에 한적한 바닷가
언제나
하늘빛처럼 맑음으로 당신 가슴에
쉬어갈 수 있는 우리의 보금자리다

Coca-Cola

# 파도

바다엔
온종일 쉼 없이
파도가 춤을 춘다

어부들의 손길을 어루만지는
일렁이는 파도
바다에서 정열을 태우고 있다

파도와 함께 춤추는
하얀 갈매기
항구에서 그리움을 키우는 여인들에게
바다 소식 전하려
뱃길을 연다

# 빛 내림

병풍처럼 펼쳐진 신이 내려준 예술작품
동공 속 미소 지으면 노크하는 음계
뜨겁게 쏟아지는 태양이
가득한 공원의 아름다움에 발걸음을 멈춘다

지친 마음 위로받고
자연이 허락하는 장관이다

# 장미꽃

줄 장미 떼를 지어
울타리 넘어가고

새소리 바람소리
사랑 꽃 웃음소리

꽃향기
자수를 놓는
네 모습 황홀하다

# 무꽃

예쁘게  색칠 한다
밍크 빛 무꽃들

기지개 펴는 소리
마음을 활짝 열다

눈길을
내려놓는 곳
길섶에서 머뭇거린다

# 브로콜리

지천에 꽃이 만발
허허 벌판 한가롭게

농장에 엎드린 날
초록 품은 인내의 세월

보양식
꽃 팔 이른 꽃
더불어 살아가는 세상이다

# 국화

구름 따라 바람 따라  꽃 물든 국화꽃
산길에 펼쳐 놓은 콘서트 장이다
들판 가득 물든 무지개빛 화원
지나간 청춘 시절을 생각나게 하는 꽃의 궁전이다
햇살과 바람 실려 오는 꽃향기가 싱그럽다

# 무지개 1

비 그친 하늘에서
오색찬란한 무지개를 만나고 싶다
가슴에 담고 그리워만 했는데
무지개를 만나
달빛에 빛나는 냇물을 건너
새들이 지저귀는 소리 들으며
옥빛물결 술렁이는 숲을 거닐고 싶다

# 피아골 풍경

피아골 백숙 집 평상 위
날개를 파닥이며 야위어 가는 햇살이
산색山色 함께 함지로 넘어 간다
한참을 구시렁거리며
가마솥을 새어 나오는
산 울음소리
중얼거리는 아낙의 관세음
관세음보살을 닮았다
문득 올려다 본 서녘하늘 저 편
등을 떠미는 노을의 성화에
키를 낮추어 가는 나무들
풍경소리에 귀를 기울일 쯤
모락모락 김이 오르는 쟁반 위에서
숨을 고르며
날개 짓을 달래는 아낙의 발걸음
꼭 토종닭을 닮았다.

산도 물도 사람도
붉게 토해내는 가쁜 숨소리가
선소리 앞세우고 물들어 가면

야윈 햇살이
숭숭 뚫어 놓은 산 구비마다
한 발 성큼 가을이 짙다

## 향원정

가을이 무르익어 가는 향원정
호수에 비친 석양 사이로
아직 식지 않은 여름 햇살이
엉거주춤 서 있다

야윈 햇살을 간질이는 가을바람에
산도 물도
사람도 붉게 물이 들고
묵혀 둔 묵정밭 언저리에 핀
코스모스의 가녀린 어깨에 기댄
고추잠자리 그도 붉게 물이 들었다

내 가슴 깊은 곳에 자리한
단풍든 그리움도
가을을 닮았나 보다

향원정의 가을은 깊어만 간다

# 물안개

물안개 피어오르는 용담호
하얀 솜사탕으로 녹이고
호수에 비치는 환상적인 연극
푸른 하늘아래
붉은 단풍 초록 노란 잎까지 뿜어내는
요정의 손길 같다
엄마의 품속 같은 호수다

# 은행나무

여름 햇살아래
비바람 맞으면서
노랗게 물들어 가는 은행나무
그 은행잎을 밟으면서
가을 향기에 취해 걷는다

내 마음도 노랗게 물이 든다

보호수

# 시화전

이름표 가슴에 품고
입학식 가는 날
주렁주렁 달린 예쁜 열매들에서
달콤한 향기가 난다

오색 바탕에 소꿉친구들과
솜사탕 들고 수다를 늘어놓았다
한 달 동안 미래의 꿈을 안고
환상의 세계로 향한다

달빛도 그리움처럼 환하다

# 가을향기

붉게 타는 가슴을 태우는
아련한 꿈
천지 사방에 불이 붙어
산도 붉고
물도 붉고
내 마음도 붉게 물이 든다

가을이 가기도전에
서리가 내리면
떠나는 가을 향기에 취해
명상에 젖어본다

## 코스모스

코스모스 꽃을 좋아한다
코스모스를 보면서
코스모스처럼 아름다운 비너스가 된다
산들거리는 내 꿈을 깨우면서
수줍게 물들어 가는
가을을 느낀다

# 장독과 된장

콩과 소금이 인연을 맺으면서 빚어낸
신토불이 음식
반질반질 광내고 세상구경 하는 날
새소리 자연소리에 콧노래가 절로 나온다
아픔 가득한 고뇌를 겪고 맺어진 결실
평생 웃음을 선사하는 삐에로
장독의 아름다운 자태다

## 가파도 코스모스

맑고 시원한 바람 함께
눈에 들어온 노란 꽃과 잔디

섬 모양이 가오리를 닮은 가파도
놀멍 쉬멍 포근히 안아주는 섬

둘레 길에 흐드러지게 핀 코스모스
꽃향기에 멀미를 앓는다

바다 건너편
한라산 삼방산이 정답게 속삭인다
멋진 풍광을 가슴에 품고
그 누구도 범접치 못하게 가파도를 지키고 섰다

# 억새

오랜 그리움을 가득 품은 산등성 그 쯤
바람이 놀다 간 자리에
하얗게 핀 억새
오늘은 내 머리맡에 앉아
절집 풍경소리 함께 가을 향기를 풍긴다

삼호

# 무지개 2

산 아래
희뿌연 안개비가 내린다

나무에 가려 낮아진 아파트 사이로
숲이 정원을 이룬 정겨운 동네

안개비 그치고
오색 무지개 피면
호리병 눈을 당겨
찰칵 찰칵
사랑이 꽃피는 마음이 된다

기쁜 하루의 선물이다

# 탑 반영

무량 세상 두둥실 떠가는 구름
영원한 아침이슬처럼
맑고 밝은 마음
물 좋고 정자 좋은 이곳

천년 고찰
탑 반영으로 사색에 잠기고
이것은 물속 깊이 살포시 숨긴 신라는
눈부신 선물입니다

# 오징어

맑은 바닷속
향기가 주렁주렁 매달린
외롭고 긴 기다림이
세상 밖을 꿈꾼다

왕 대접 기쁨 주고
보양식 주는 선물

달콤한 몸과 마음이
우리 삶을 따뜻하게 만드는
바다의 선물 오징어이다

# 메밀밭

하얀 아침나절
온 들판 등을 타고

하얀 메밀꽃이
고요히 숨을 틔운다

메밀꽃
방긋 웃는 아침
대자연의 약속이다

# 동백꽃

한겨울 늦추위는
꽃잎에 묻어 놓고

동백섬 파도 소리
귓전으로 흘리면서

겹겹이
포갠 꽃잎마다
따뜻한 봄 기다린다

# 외딴집

밤사이 솜털처럼
소복이 쌓인 저 눈

외로운 집 장독대 위
백설기 닮은 순수

호리병
속 깊이 담아
따뜻함을 전한다

* 호리병 – 카메라

# 설국여행

눈 덮인 왕국
빨간 삼각형 지붕위에
하얀 목화솜을 가득 덮어 놓았다
눈송이를 마음에 불러 일으켜
가만히 응시하고
깊은 눈 터널 속에
연모하는 마음을 담아 스케치를 해 본다

영화 필름처럼 지나가는
설국 열차에 몸을 기대어
은빛 설원의 낭만을 즐기면서
자욱한 눈안개 실타래를 풀어본다

## 녹차 밭

눈 덮인 겨울 녹차 밭
찻잎엔 봄이 꿈틀

겨울도 봄과 함께
마음도 꿈틀꿈틀

우리의
삶도 이만하면
옛 일상 돌아갈 것 같다

# 눈 덮인 고사목

흰 눈발 바람 함께 흩날리는 덕유산
추억을 가슴에 묻고
한발 두발 오르다 보면
하얀 뭉게구름이 발길을 잡아챈다

눈 덩이 어깨에 메고
오르고 오르다 보면
떠오르는 옛 생각에 그리움만 더하고
눈 덮인 산봉우리
가지마다 맺힌 설화가
솜보다 더한 따듯함으로 다가 온다

# 마이산 운해

힘들게 올라온 정상
기암 기석이 연출한 수묵화 한 폭
자연이 그려놓은 설렘
인간과 나무는
같은 호흡으로 생명을 잇게 한다

나무 그늘에 앉아
어깨를 내려놓으니
평온함이 맴돈다

# 눈 내리는 밤

초가지붕에
손님 같은 눈이
소복이 내리는 밤
가만히 귀를 기울이면
뒷마당 장독대 위
젊은 날
내 어머니의
주름치마 젖는 소리가
아직 남아 서성인다

# 설경

온 산하 선을 그어
하얗게 쌓인 눈 속

상고대 등불 켜면
눈부신 은빛 설원

저리 흰
융단 카펫
밤새 누가 깔았나

# 백련암 시선詩仙

통도사
서운 암을 다녀왔다
달이
솔가지에 걸렸는데
중얼중얼
혼자
아직 대낮이라 하더라

# 홍도 가는 길

눈부시게 푸른 바다를 수놓은
기암기석 펼쳐진 홍도 가는 길
철썩이는 파도소리에
순간의 시간을 흔들어 떨치며
깎이고 깎여 빚어낸 비경
고뇌를 헤쳐 나가기엔 벅찼을 파도
풍광과 인간이 채색 된다

끝없이 황홀한 바다를 밝히는
붉은 등대
수평선 위에 몸을 담군다

# 바다 이야기

바다가 말을 건넸다
반짝이는 은빛 물결
꿈이 바다를 향해 마음으로 외치는 말
파도치는 물결 위에 갈매기가
공중 곡예를 하면서
덩실 덩실 군무를 보여 준다
감추었던 바다 속
보석함을 활짝 열어
바다의 이력서를 보여 준다

## 해변 풍경

아우성치며 달려드는 바닷물
자리를 지키는 나무들
반겨 주지 않아도 소리소리 질러대는 파도가
노을을 바구니에 담아 흔들어 되면
반갑다고 출렁 출렁 넘어온 파도가
물거품을 만들며 넓은 운동장에
마술 봉을 흔들면서
콘서트의 서막을 연다
축제를 멋지게 치루며 맑고 티 없는 표정으로
자연을 품은 동공 속으로 안내를 한다

# 영원한 친구

기대고 싶고
앉기고 싶은 솜털 같은 친구
여행을 좋아하고 즐기고 느낄 줄 아는 친구
취미가 같고 공유 할 수 있는 친구
힘들 때 아플 때 부를 수 있는 친구
함께 묵은 앨범을 열면서
숙성된 호박처럼 익어가는 친구

그래 그렇다 우리는 영원한 119 친구다

## 웅도다리

곰이 웅크리고 있는 모습
조수간만에 차에 다라
육지와 연결된 마을

물이 차오르면 보이지 않은 웅도 다리이다
오랜 세월이 남긴 매력에 흠뻑 빠지는 시간

썰물 때 서서히 보이기 시작
요술봉을 흔든다

웅도의 상징
생활에 불편을 주기에 곧 사라질 다리
추억을 가방에 넣어둔다

# 폭포수(크로아티아)

폭포수에 흘러내리는 흰 거품 함께
용이 승천하는
아름다움을 연출하면서
요정이 살고 있을 듯 한 크로아티아 폭포
관광객을 불러 모우는
청아한 물소리를 벗 삼아 걷고 또 걸어 본다
아름다운 자연을 만든 수만 년의 시간
바람과 물이 빚어 낸
자연만이 만들 수 있는 폭포를 보며
행복 열차를 타고 신나게 달려 본다

# 융프라우 가는 길

만년설에 덮인 산기슭에
다양한 식물들이
통나무집과 간이역까지
고원을 가득 채우고
평화롭게 풀을 뜯는
소 떼와 양떼 들이 말을 건낸다

묘한 매력으로 발길을 끄는 시선
산등성에 핀 꽃들의 웃음이
동공을 파고든다
여행의 즐거움을 느낄 수 있는 융프라우
시원한 풍경에 몸을 맡기면
온 산에 웃음꽃이 만발 한다

# 루이스 호수 (캐나다)

만년설이 흘러내려 고인 맑은 호수
자연과 역사를 그려 모은 색으로
붓칠한 무늬
나그네의 발길을 멈추게 한다

폭포를 휘감아 도는 길에
햇살이 등을 떠미는 한낮
호수에 비친 숲속 오두막에서
침묵하며
자연에 귀를 기울이면
지친 마음도 봄눈 녹듯 녹는다

## 간월 천

힘차게 박진감 있게
솟아오르는 물 분수

간간이 숨 고르며
다시 뿜어 넘쳐 오른다

힘차고
깨끗한 순수
온 지구의 숨결이다

김정애님은 시인이며 사진작가로서 좀 더 심오한 깊이를 알기 위해 부산예술대학 사진 영상학과를 우수한 성적으로 졸업했으며 열정은 식지 않아 다시 방송통신대학교 국어국문학과에 입학하여 향학열을 불태우고 있습니다.

김정애 작가님은 45년 역사 깊은 포토클럽영사회 회장으로 온유함과 돋보이는 리더십과 친화력으로 영사회를 잘 이끌어 왔습니다.

예술가는 자연을 읽고 순응하며 응축하여 자연의 깊이를 디자인하는 예인입니다. 물안개 피는 일출과 일몰, 꽃과 벌 나비 진흙 속에 피는 수련과 연꽃, 황홀한 단풍 눈 덮인 겨울, 사계절을 35년 동안 카메라 읽기에 담아온 세월의 축적이 사진작가와 시인이 되는 결정체인 것 같습니다.

김정애 작가님은 항상 예리한 눈으로 도전정신과 다정다감한 마음과 통찰력의 소유자로써 "예술은 깊고 난해하며 인고의 나이테만큼 성숙하고 아는 것만큼 느끼고 보이는 만큼 작품을 잉태한다"라는 어느 원로 예술가의 명언을 가슴 깊이 새겨 더욱 발전하시기를 기원하면서 김정애 사진시집 Ⅱ 발간을 진심으로 축하드리면서 앞으로 더욱 알찬 내용의 제 Ⅲ집을 기다리겠습니다.

**주 철 민** (사)한국사진작가협회 자문위원
부산시 남구문화원 이사, 시인

# 자연의 정원

2022년 9월 16일 인쇄
2022년 9월 20일 발행

저　　자 : 김 정 애
발 행 인 : 박 중 열
인 쇄 처 : 효성문화사
발 행 처 : 다솜출판사
등록번호 : 제2001-000001호(1994년 4월 22일)
주　　소 : 부산광역시 중구 대청로135번길 10-1
TEL. : (051)462-7207~8
FAX. : (051)465-0646

정가 20,000원

ISBN : 978-89-5562-724-4 03810